Von Gottes Liebe getragen

Ermutigungen in Zeiten der Trauer

benno

Hoffnung

Wenn Gott den Schatten
erschaffen hat,
dann deshalb, um das Licht
hervorzuheben.

Papst Johannes XXIII.

Hoffnung ist nicht die Überzeugung,
dass etwas gut ausgeht,
sondern die Gewissheit,
dass etwas Sinn hat,
egal wie es ausgeht.

Václav Havel

Erinnerungen

Je schöner und voller die Erinnerungen, desto schwerer die Trennung. Aber die Dankbarkeit verwandelt die Qual der Erinnerung in eine stille Freude. Man trägt das vergangene Schöne nicht wie einen Stachel, sondern wie ein kostbares Geschenk in sich. Man muss sich hüten, in den Erinnerungen zu wühlen, sich ihnen auszuliefern, wie man auch ein kostbares Geschenk nicht immerfort betrachtet, sondern nur zu besonderen Stunden und es sonst nur wie einen verborgenen Schatz, dessen man sich gewiss ist, besitzt; dann geht eine dauernde Freude und Kraft von dem Vergangenen aus.

Dietrich Bonhoeffer

Vergangene Tage

Da tat es mir wohl, vor dir zu weinen,
um sie und für sie, um mich und für
mich.
Ich ließ den Tränen, die ich zurückge-
halten hatte, freien Lauf.
Mochten sie fließen, so viel sie
wollten.
Ich bettete mein Herz hinein und
fand Ruhe in ihnen.

Aurelius Augustinus

Schöne Tage, nicht weinen,
wenn sie vergangen,
sondern lachen, dass sie gewesen.

Rabindranath Tagore

Wiederfinden

Wenn etwas uns fortgenommen wird,
womit wir tief und wunderbar
zusammenhängen,
so ist viel von uns selber mit
fortgenommen.

Gott aber will, dass wir uns
wiederfinden,
reicher um alles Verlorene und
vermehrt um
jenen unendlichen Schmerz.

Rainer Maria Rilke

In unserer Nähe

Wenn wieder jemand, der uns so nah angehört hat, von unserer Seite genommen wird, empfinden wir das Weh der Trennung, jenes Trauergefühl eines enger um uns gezogenen Kreises; es ist uns, als ob die andere Welt uns selbst fühlbar anstoße.

Indessen, das sichere Bewusstsein, dass die Unsrigen in Frieden bei Gott sind, dass sie darum uns nahe, für uns tätig bleiben, dass die geistigen Bande uns enger als je mit ihnen verbinden, dass sie unserer in Herrlichkeit harren zur ewigen und seligen Gemeinschaft, wir mit ihnen für sie und sie für uns beten, bis alles irdische Leid überstanden ist, ist ein so großer Trost, dass er den Schmerz sänftigen muss, der uns beim Verlust überkommt.

Adolph Kolping

Wiedersehen

Es kann nicht immer sein, dass Gott alle Angst von uns nimmt, aber das kann immer möglich werden, dass wir in Angst getröstet werden.

Christoph Blumhardt

Der Tod ist wie ein Horizont, dieser ist nichts anderes als die Grenze unserer Wahrnehmung. Wenn wir um einen Menschen trauern, freuen sich andere, ihn hinter der Grenze wiederzusehen.

Verfasser unbekannt

Dankbarkeit

Möge der geliebte Mensch,
von dem der Tod dich trennte,
dir immer in deinen Gedanken
bleiben.
Ich wünsche dir,
dass du ihn gehen lassen konntest
mit dem Dank dafür, dass ihr euch
begegnet seid.
Möge in dir die Gewissheit wachsen,
dass du ihn wiedersehen wirst.
Und mögest du innewerden,
dass du eines Tages wieder ganz sein
kannst
– bereichert um alles, was er dir
gewesen ist.

Irischer Segenswunsch

Bibliografische Information der Deutschen Nationalbibliothek
Die Deutsche Nationalbibliothek verzeichnet diese Publikation
in der Deutschen Nationalbibliografie; detaillierte bibliografische
Daten sind im Internet über http://dnb.d-nb.de abrufbar.

Textnachweis:
S. 4: Dietrich Bonhoeffer: Erinnerungen. Aus: Dietrich Bonhoeffer, Widerstand und Ergebung © 1998, Gütersloher Verlagshaus, Gütersloh, in der Verlagsgruppe Random House GmbH

Bildnachweis:
U1: © annelie_bayer / Fotolia.de
U2/S. 1, S. 16/U3: © Igor Stepovik / Fotolia.de
S. 2/3: © Julian Weber / Fotolia.de
S. 4/5: © David Kelly / Fotolia.de
S. 6/7: © Lijuan Guo / Fotolia.de
S. 8/9: © Vladimir Semenov / Fotolia.de
S.10/11: © monropic / Fotolia.de
S. 12/13: © Warren Goldswain / Fotolia.de
S. 14/15: © Serghei Velusceac / Fotolia.de

Besuchen Sie uns im Internet:
www.st-benno.de

Gern informieren wir Sie unverbindlich und aktuell auch in unserem
Newsletter zum Verlagsprogramm, zu Neuerscheinungen und Aktionen.
Einfach anmelden unter www.st-benno.de.

ISBN 978-3-7462-4280-4

© St. Benno Verlag GmbH, Leipzig
Covergestaltung: Ukrike Vetter, Leipzig
Gesamtherstellung: Arnold & Domnick, Leipzig (B)